Le métier de styliste te passionne

Voici un carnet avec des croquis à colorier, ou

à customiser avec plumes, paillettes, tissus ou

autres pour faire naître une superbe collection

digne des plus grands.

Tu pourras ensuite habiller des modèles

Chaque dessin est suivi d'une page blanche

pour éviter les débordements si utilisation de

feutres ou colle

Originalité, créativité, passion
le secret de la réussite

Carnet de mode de:

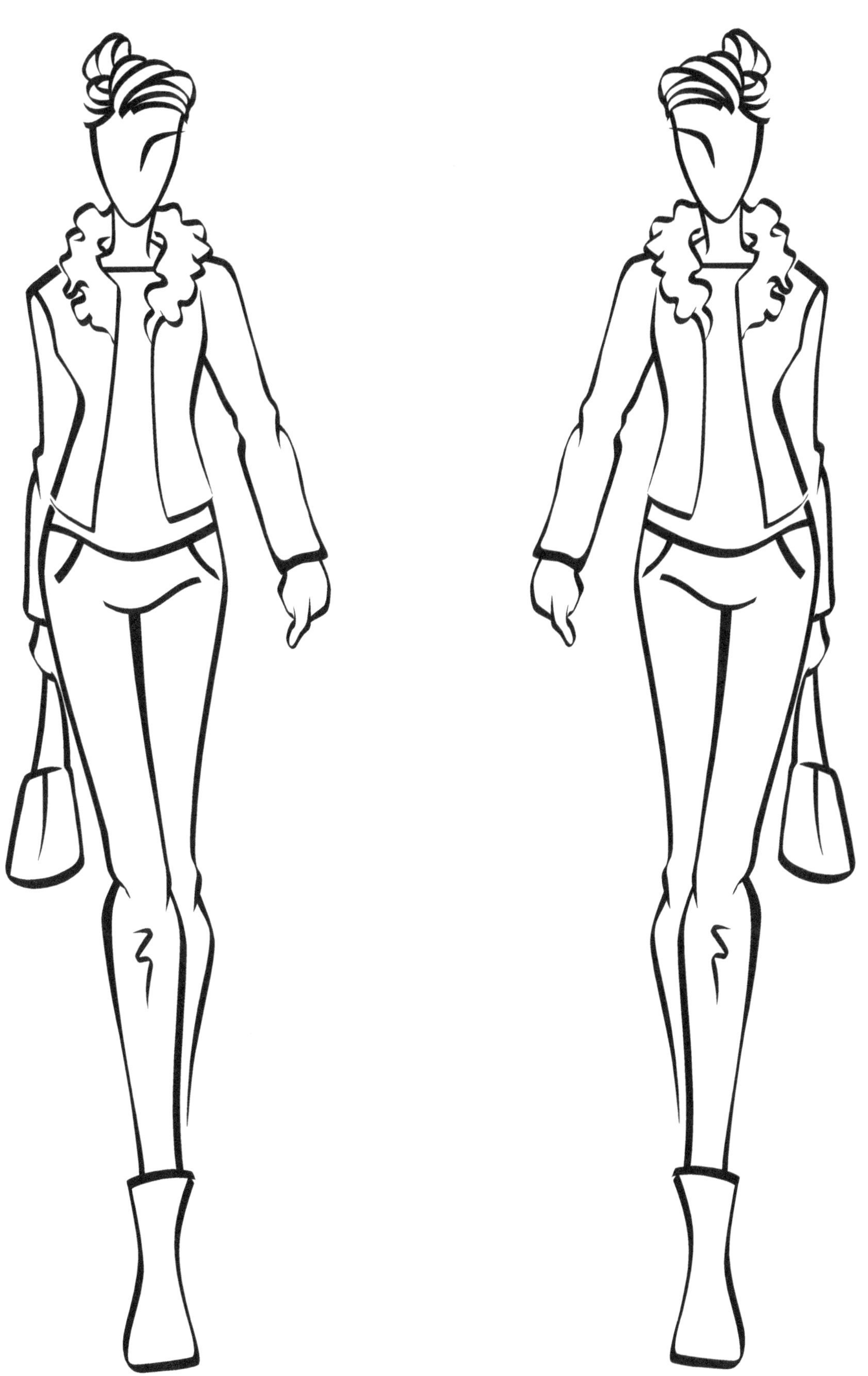

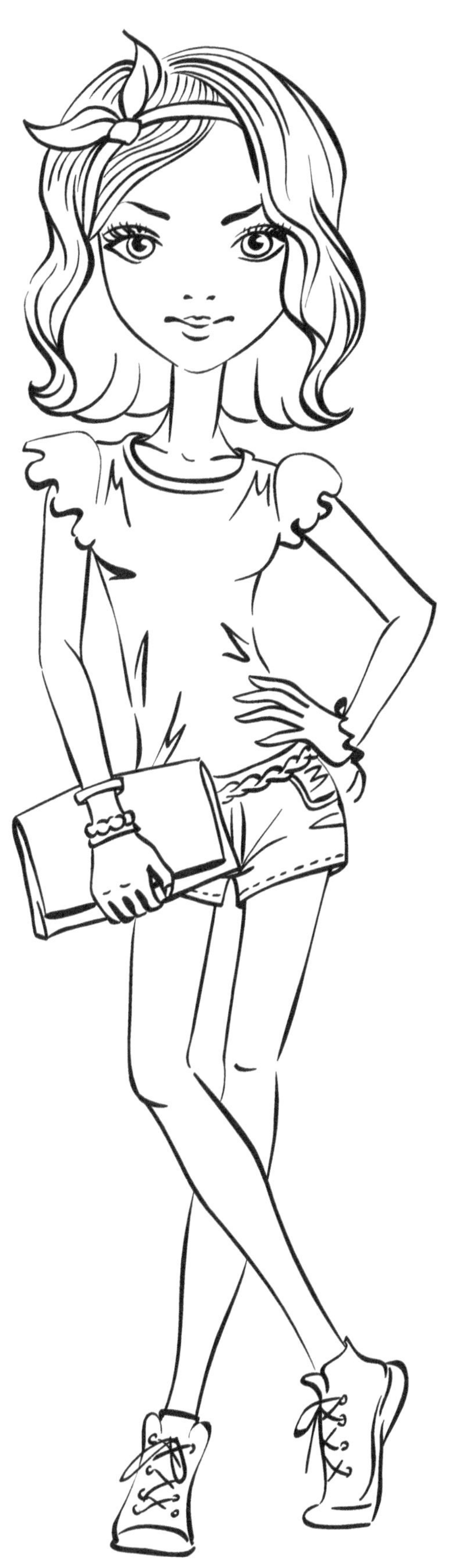

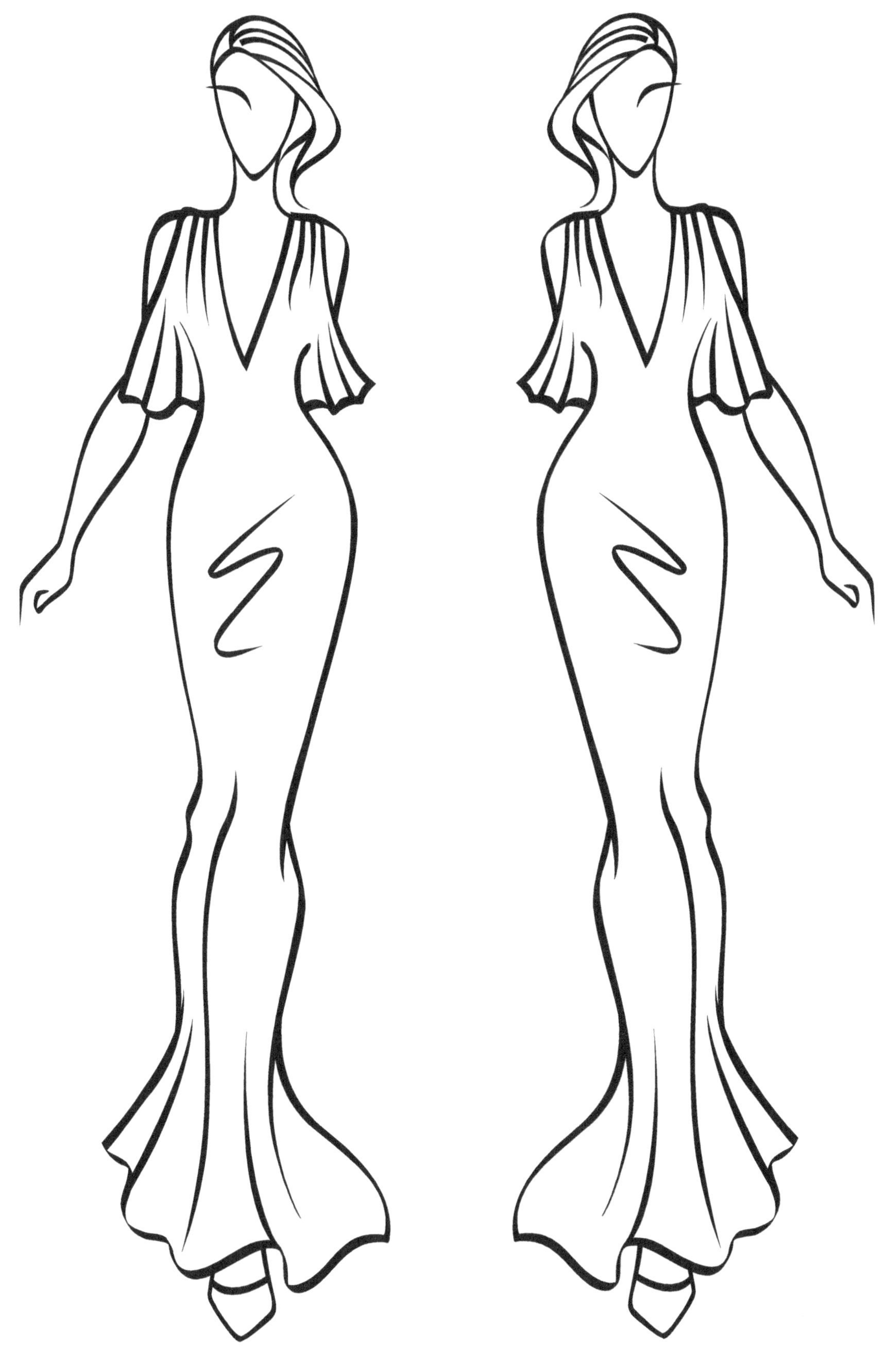

Le coin des garçons

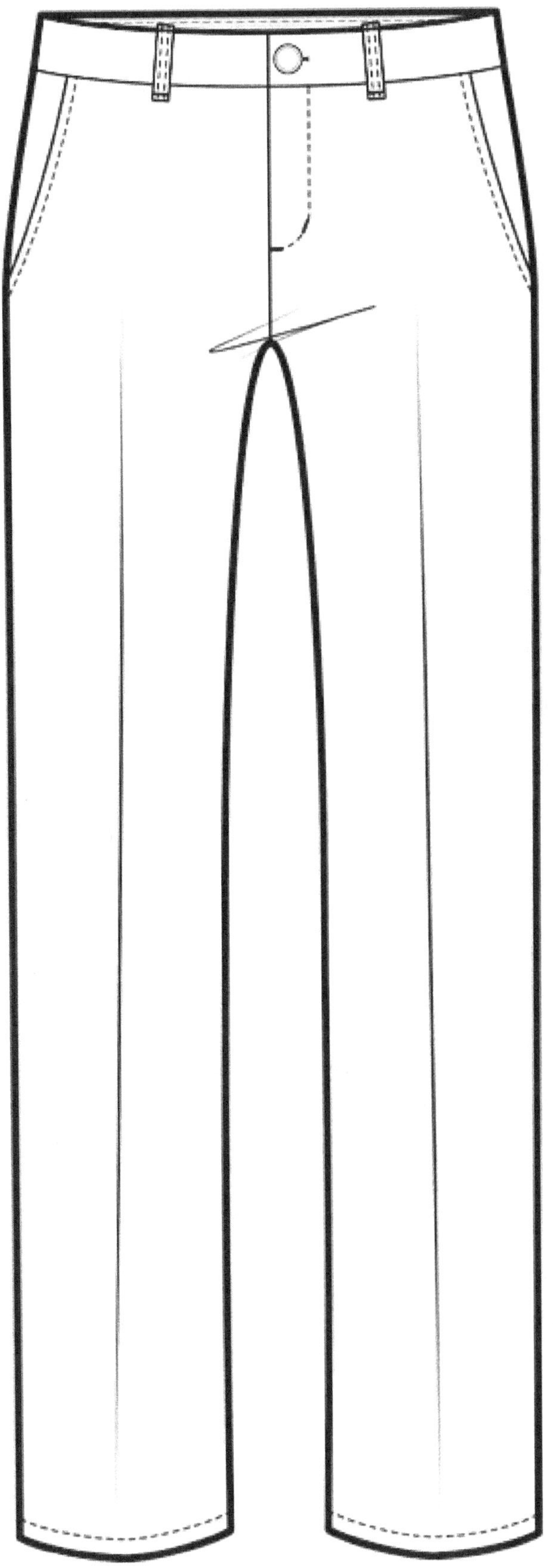

Robe

de mariée

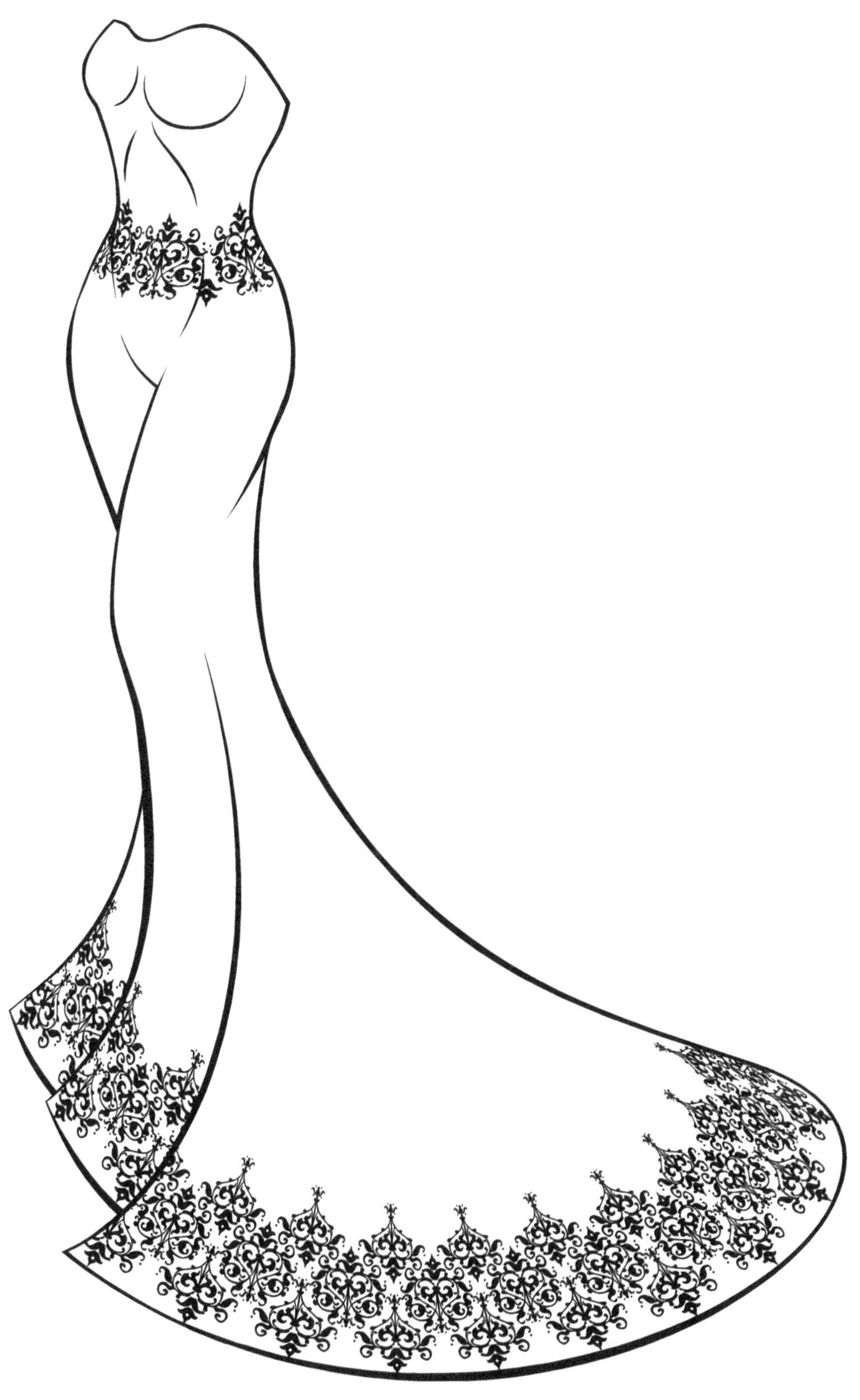

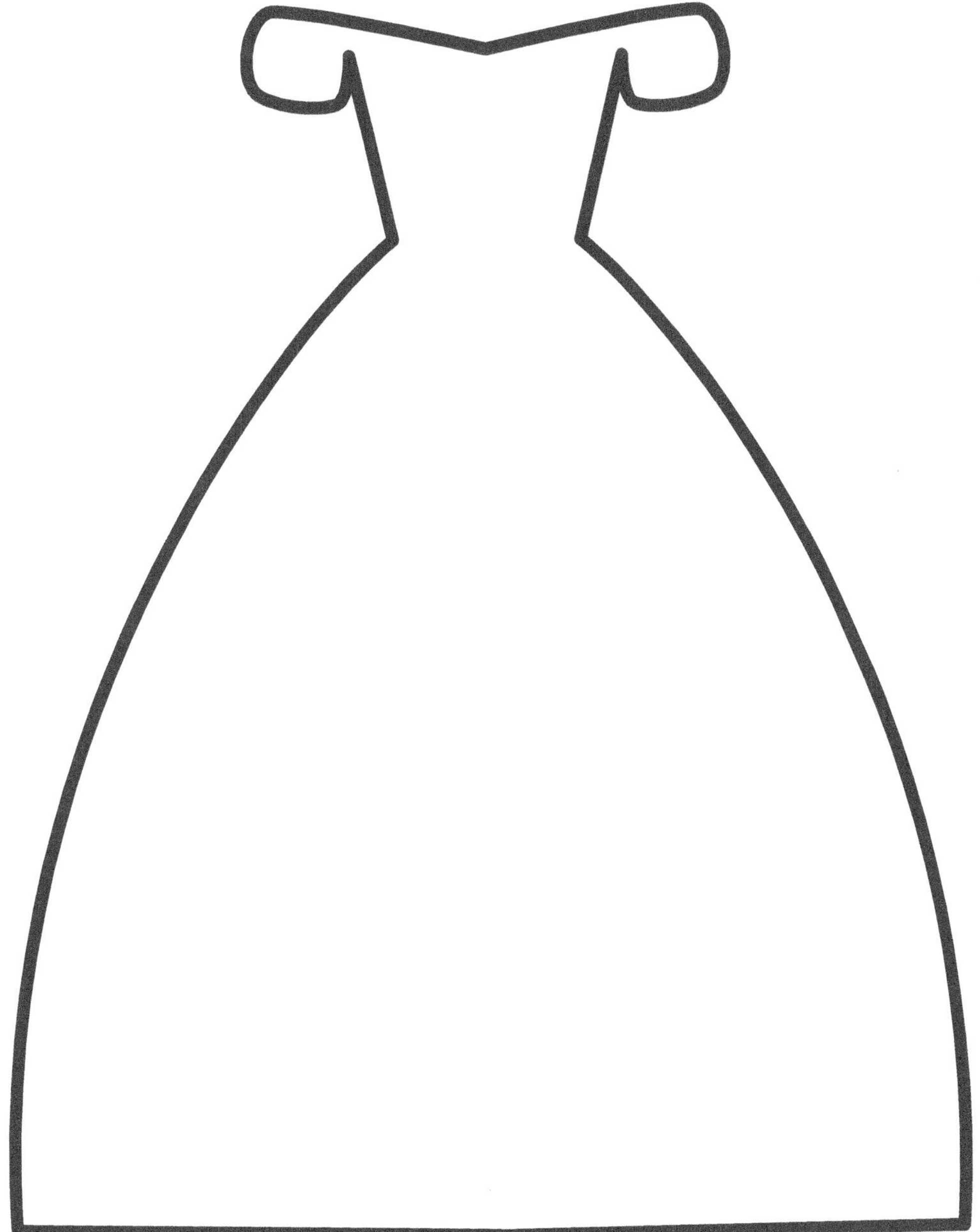

Les chaussures

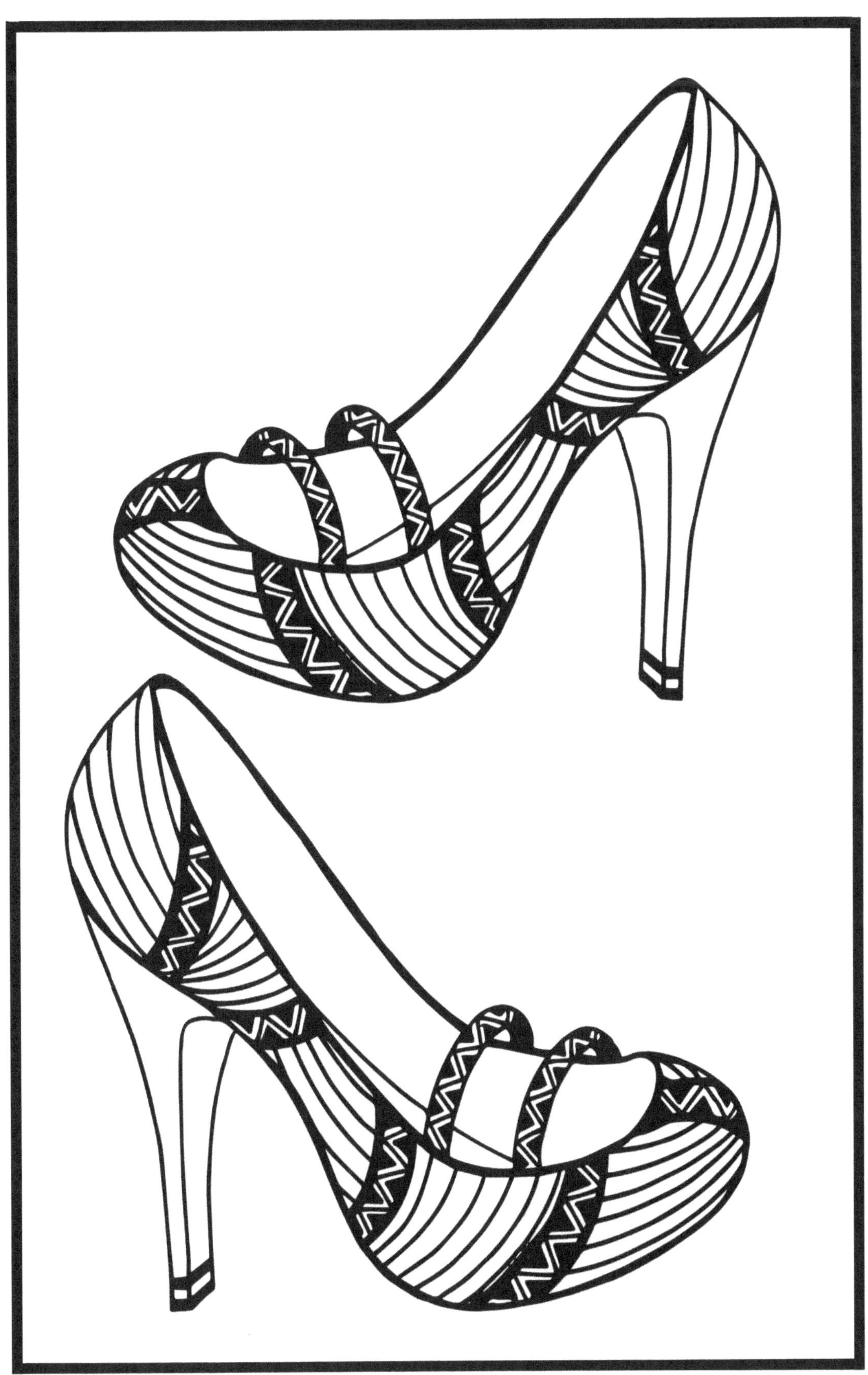

Collection
sacs

Entraine toi avec les modèles et crée ta propre collection

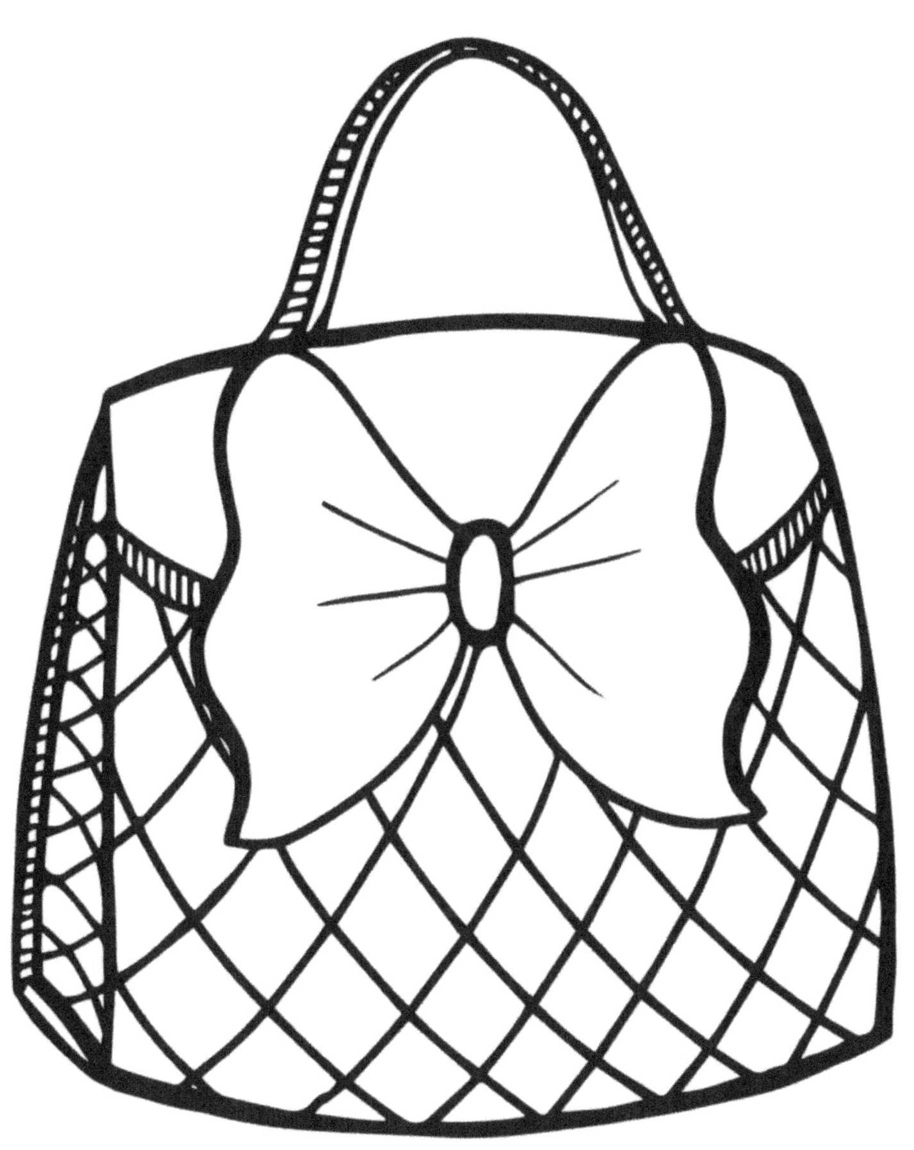

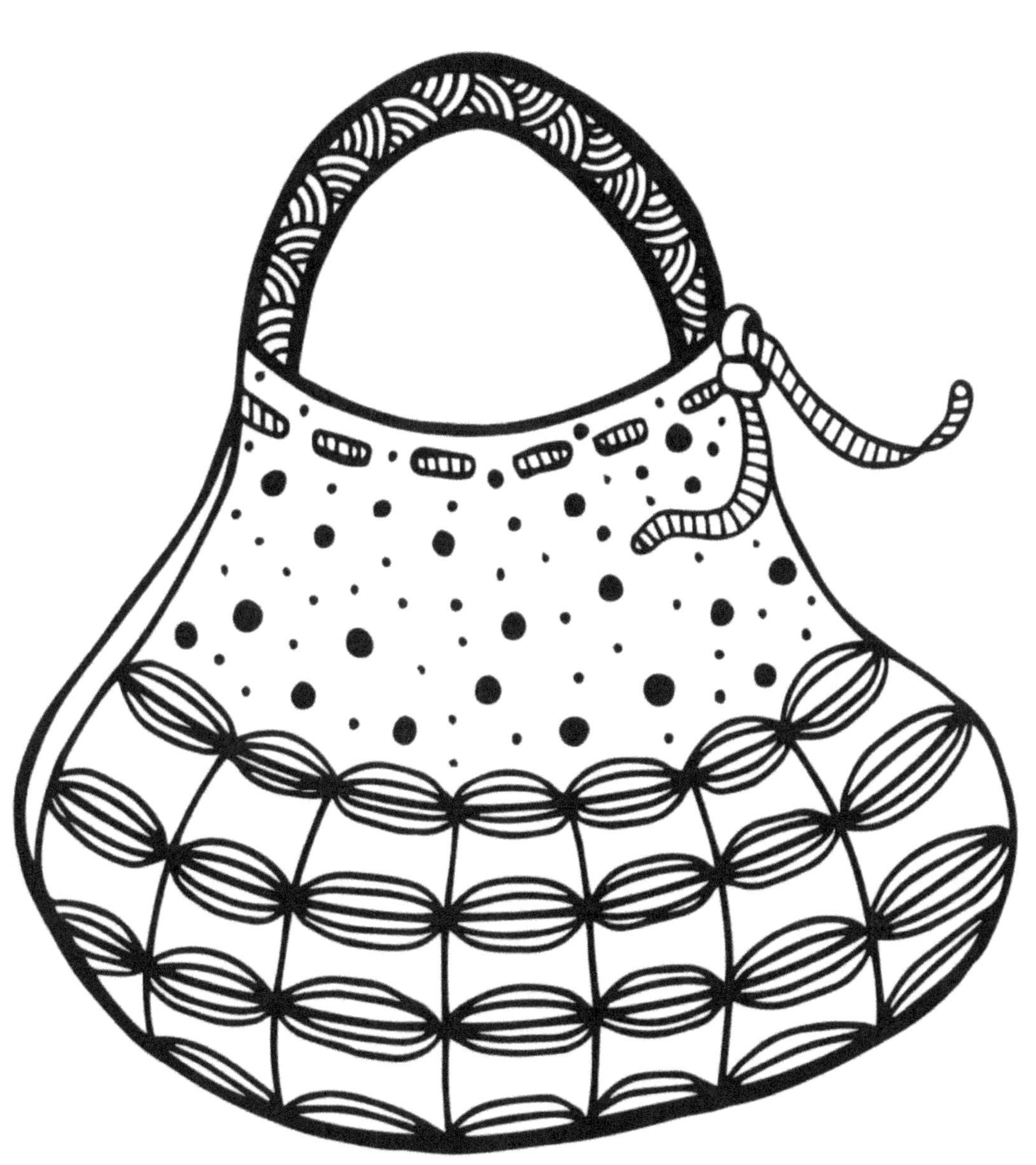

Habille les mannequins et crée ta propre collection

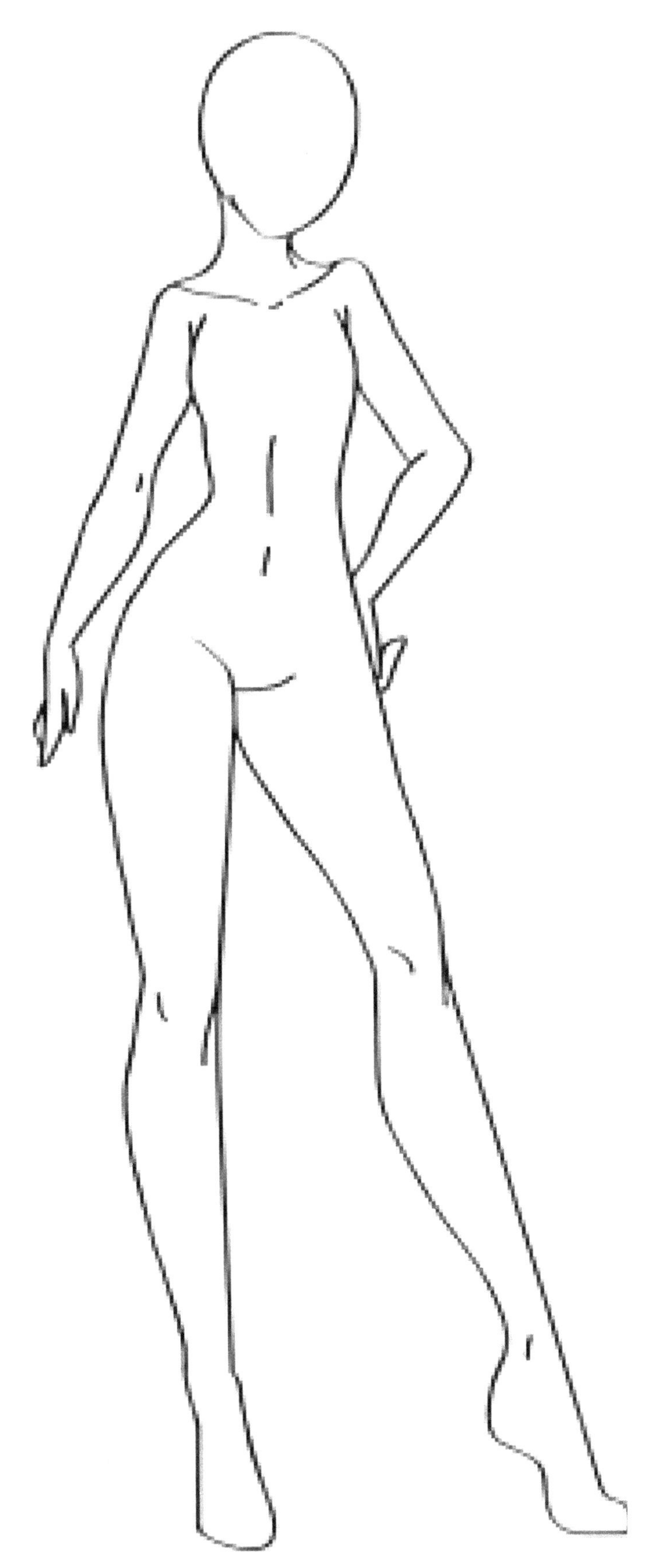

je voudrais
un super
look

une petite
robe

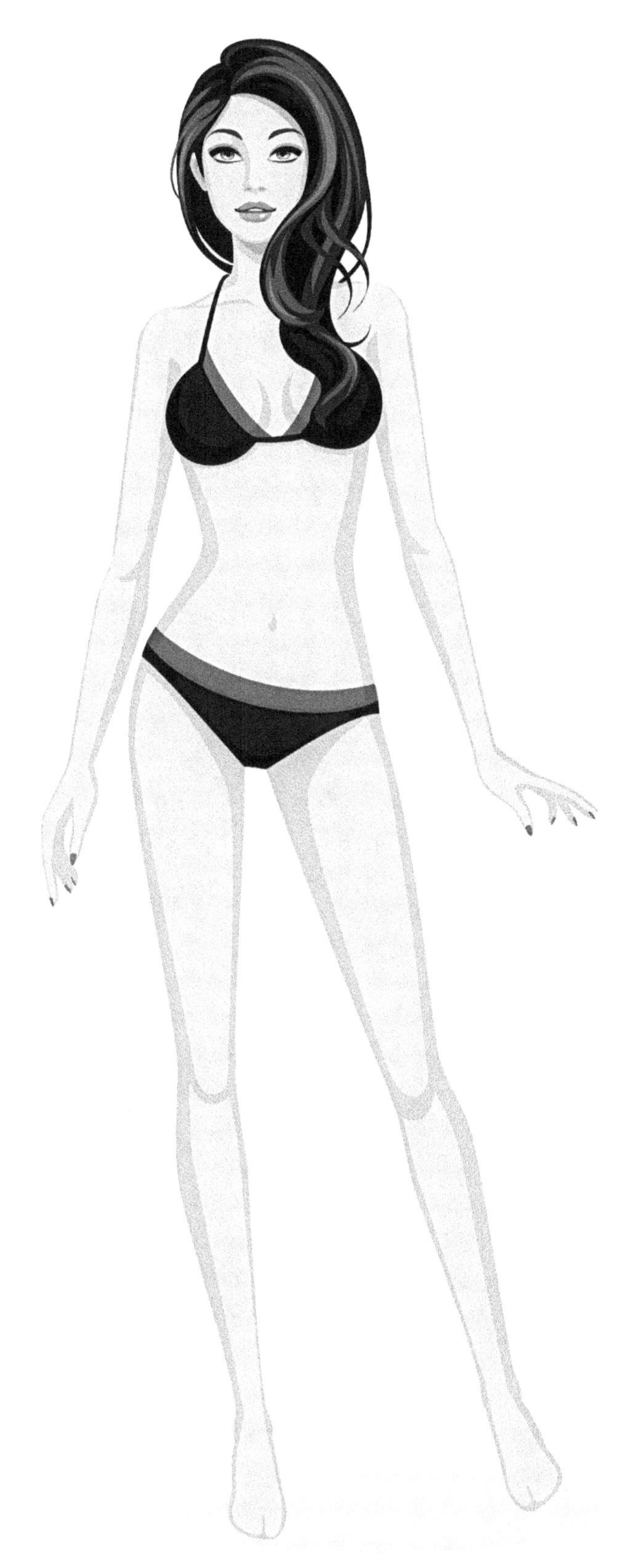

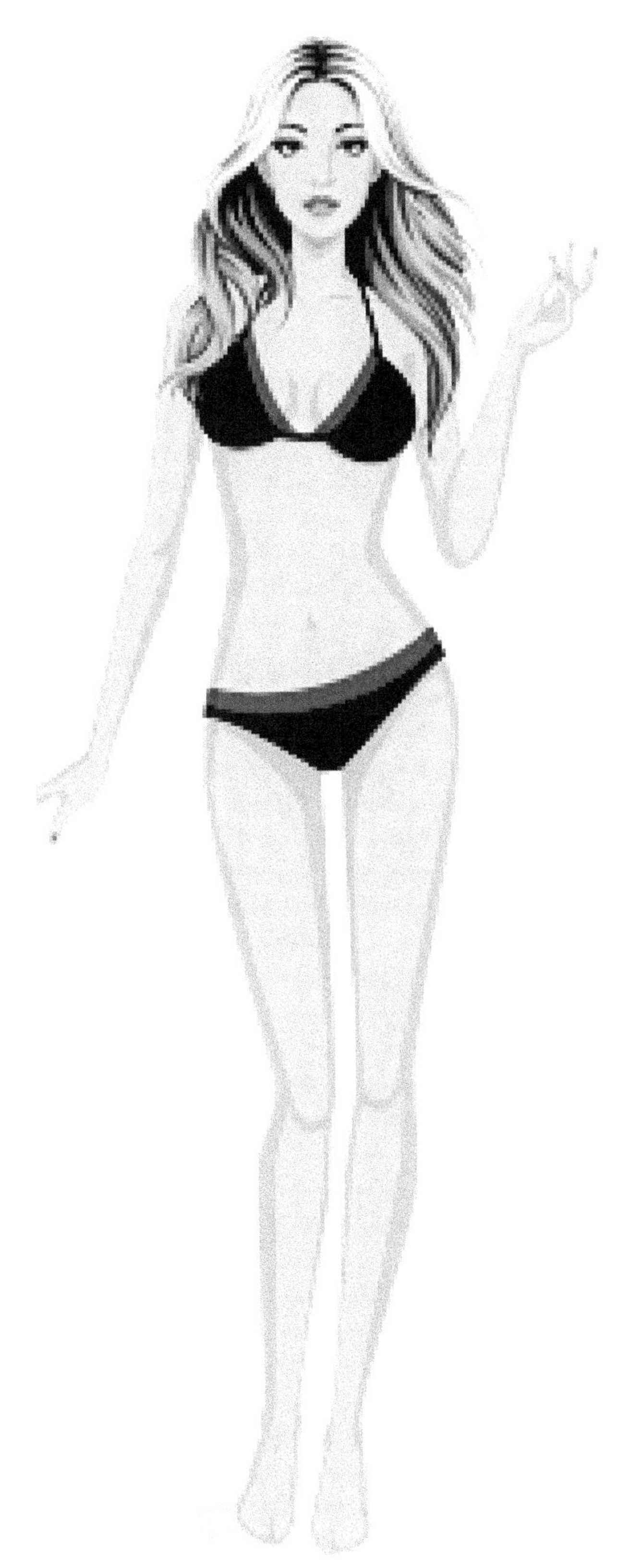

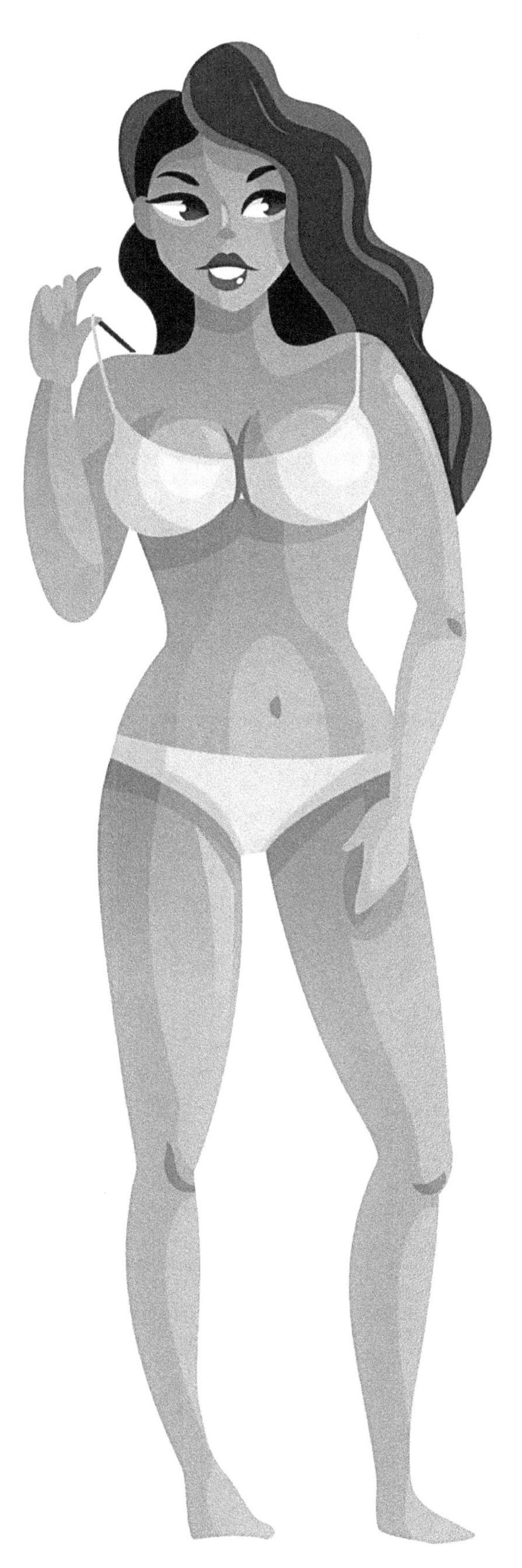

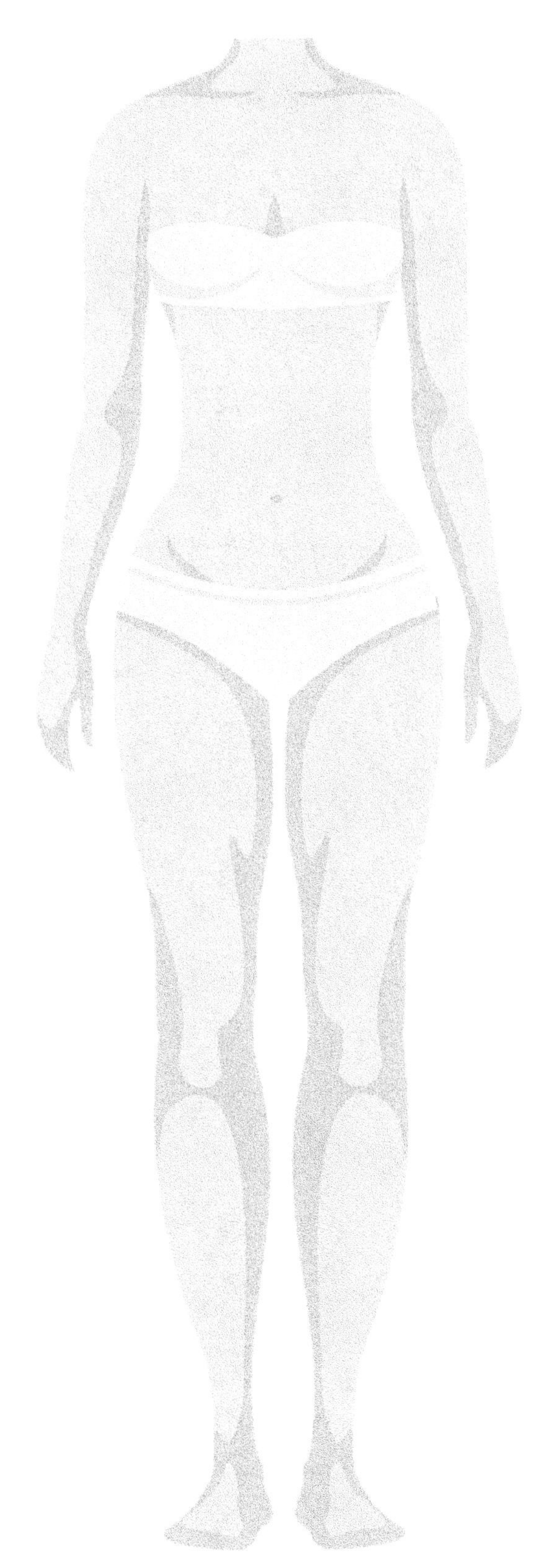

peux tu me faire un look sexy?